AF188121

Impressum
Verlag: BABADADA GmbH, Nedderfeld 112 , 22529 Hamburg
Geschäftsführer / Verlagsleitung: Harald Hof
Druck: Books on Demand GmbH, In de Tarpen 42, 22848 Norderstedt

Imprint
Publisher: BABADADA GmbH, Nedderfeld 112 , 22529 Hamburg, Germany
Managing Director / Publishing direction: Harald Hof
Print: Books on Demand GmbH, In de Tarpen 42, 22848 Norderstedt

koulu

de school

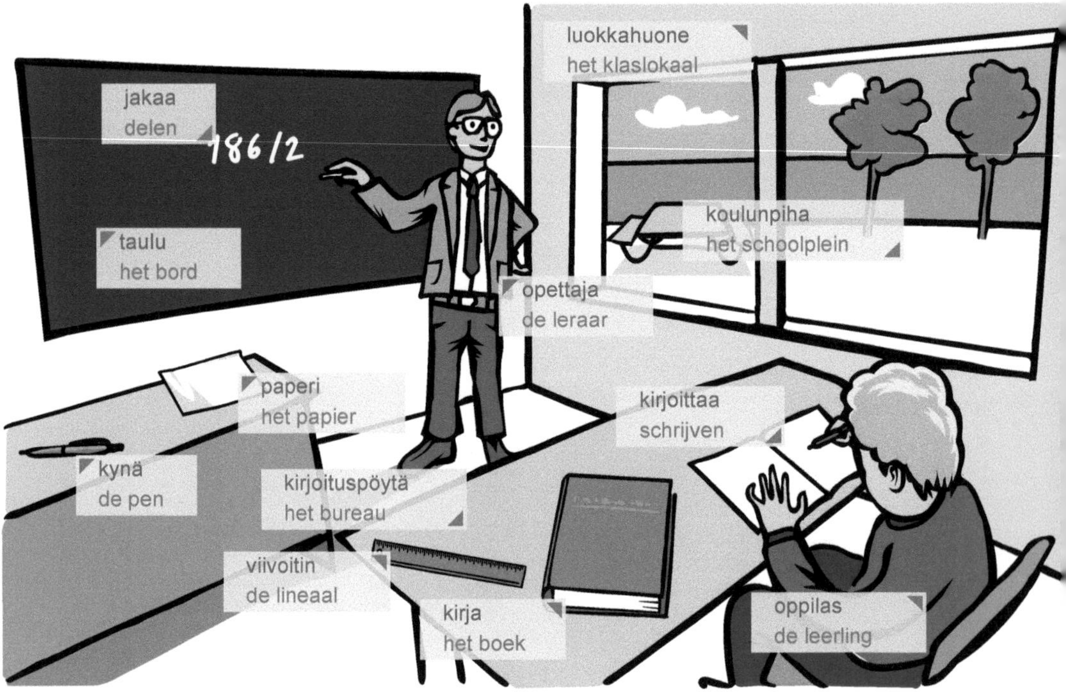

luokkahuone
het klaslokaal
jakaa
delen
186/2
taulu
het bord
koulunpiha
het schoolplein
opettaja
de leraar
paperi
het papier
kirjoittaa
schrijven
kynä
de pen
kirjoituspöytä
het bureau
viivoitin
de lineaal
kirja
het boek
oppilas
de leerling

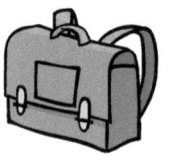

reppu
....
de schooltas

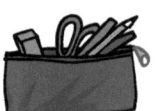

penaali
....
de etui

lyijykynä
....
het potlood

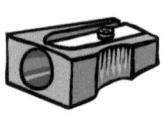

kynänteroitin
....
de puntenslijper

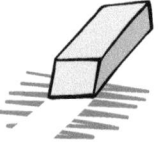

pyyhekumi
....
de gum

piirustuslehtiö
....
het schetsblok

piirustus

de tekening

pensseli

het penseel

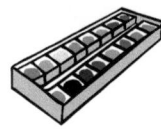

vesivärit

de verfdoos

sakset

de schaar

liima

de lijm

harjoituskirja

het schrift

kotitehtävä

het huiswerk

luku

het getal

2+2

lisätä

optellen

vähentää

aftrekken

kertoa

vermenigvuldigen

laskea

rekenen

kirjain

de letter

ABCDEFG
HIJKLMN
OPQRSTU
VWXYZ

aakkoset

het alfabet

sana

het woord

teksti
de tekst

lukea
lezen

liitu
het krijt

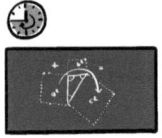

oppitunti
de les

opettajan muistikirja
het klassenboek

koe
het examen

todistus
het diploma

koulupuku
het schooluniform

koulutus
de opleiding

sanakirja
de encyclopedie

yliopisto
de universiteit

mikroskooppi
de microscoop

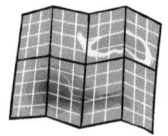

kartta
de kaart

roskakori
de prullenmand

matka
de reis

Grand
hotelli
het hotel
retkeilymaja
het hostel
ROOMS
rahanvaihto
het wisselkantoor
matkalaukku
de koffer
auto
de auto

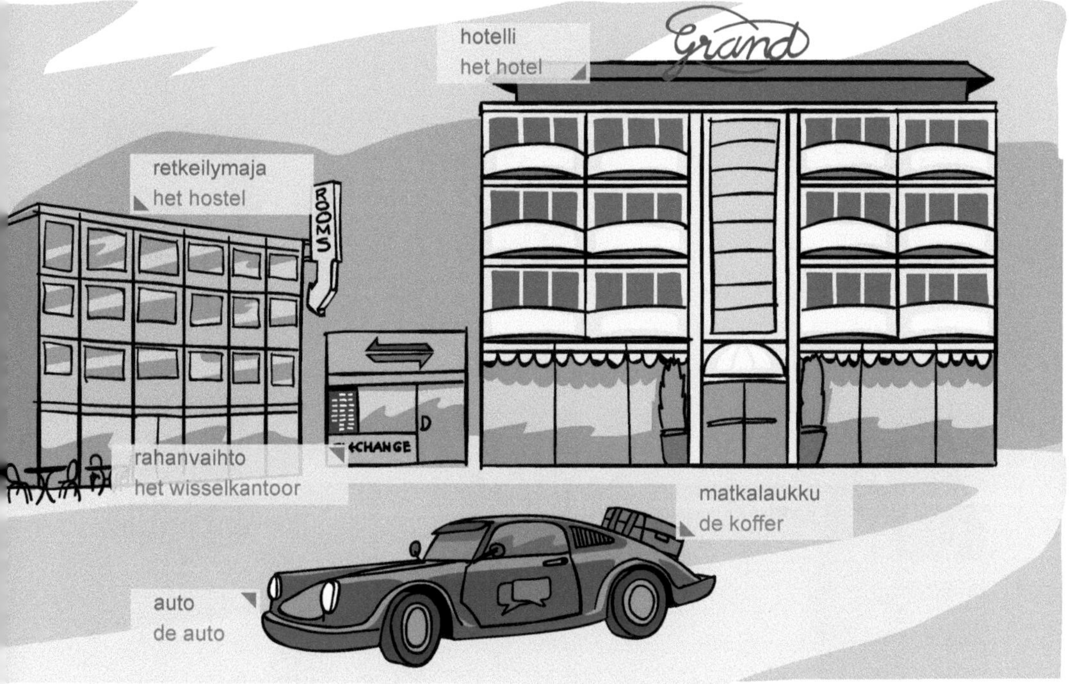

kieli

de taal

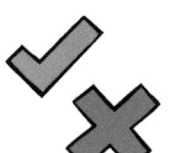

kyllä / ei

ja / nee

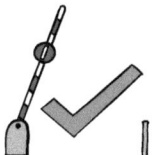

selvä

oké

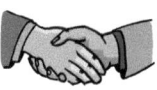

hei

Hallo!

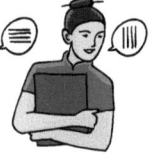

tulkki

de tolk

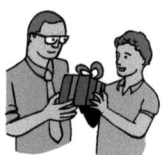

kiitos

Bedankt.

Paljonko...maksaa?

Wat kost ...?

en ymmärrä

Ik begrijp het niet.

ongelma

het probleem

Hyvää iltaa!

Goedenavond!

Hyvää huomenta!

Goedemorgen!

Hyvää yötä!

Goedenacht!

näkemiin

Tot ziens!

suunta

de richting

matkatavarat

de bagage

laukku

de tas

reppu

de rugzak

vieras

de gast

huone

de kamer

makuupussi

de slaapzak

teltta

de tent

matka - de reis

turisti-info

het VVV-kantoor

ranta

het strand

luottokortti

de creditkaart

aamupala

het ontbijt

lounas

de lunch

päivällinen

het diner

matkalippu

het kaartje

hissi

de lift

postimerkki

de postzegel

raja

de grens

tulli

de douane

suurlähetystö

de ambassade

viisumi

het visum

passi

het paspoort

kuljetus
het transport

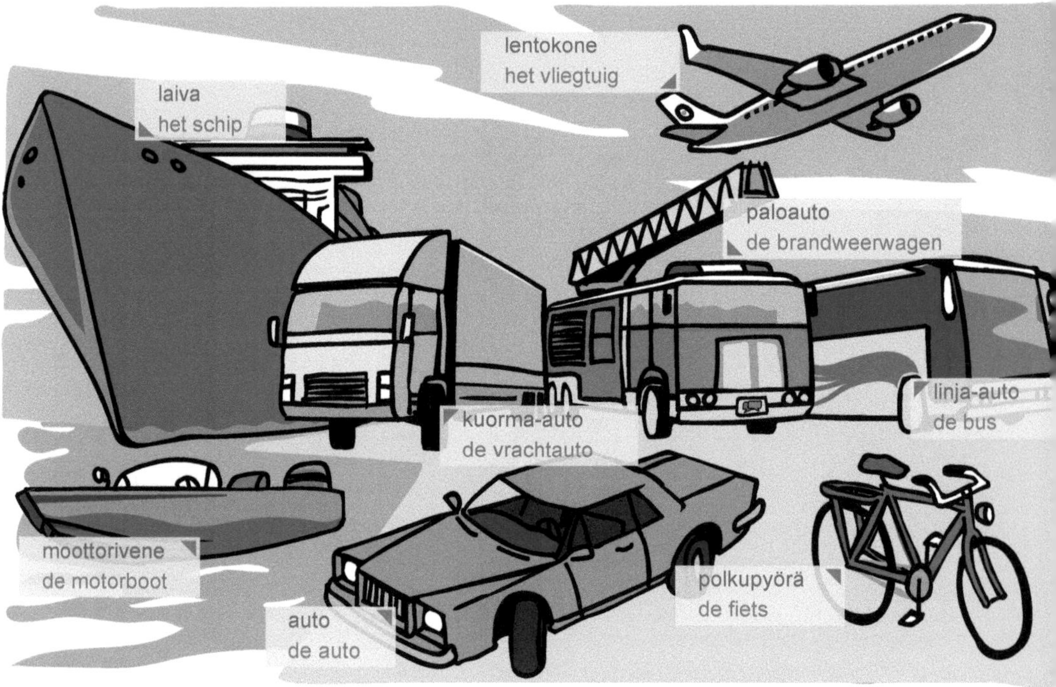
lentokone
het vliegtuig
laiva
het schip
paloauto
de brandweerwagen
linja-auto
de bus
kuorma-auto
de vrachtauto
moottorivene
de motorboot
polkupyörä
de fiets
auto
de auto

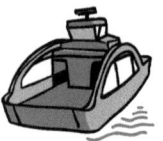

lautta
....
de veerboot

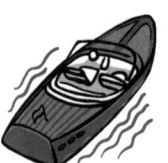

vene
....
de boot

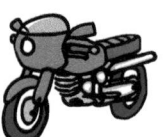

moottoripyörä
....
de motorfiets

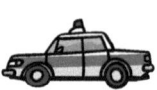

poliisiauto
....
de politiewagen

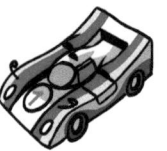

kilpa-auto
....
de raceauto

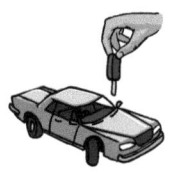

vuokra-auto
....
de huurauto

car sharing

de carsharing

hinausauto

de takelwagen

roska-auto

de vuilniswagen

moottori

de motor

polttoaine

de benzine

huoltoasema

de benzinepomp

liikennemerkki

het verkeersbord

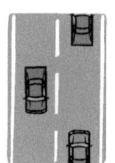

liikenne

het verkeer

ruuhka

de file

parkkipaikka

de parkeerplaats

rautatieasema

het station

raiteet

de rails

juna

de trein

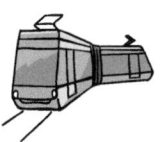

raitiovaunu

de tram

vaunu

de wagon

helikopteri

de helikopter

lentokenttä

de luchthaven

lähilennonjohto

de toren

matkustaja

de passagier

kontti

de container

pahvilaatikko

de verhuisdoos

kärryt

de kar

kori

de mand

nousta / laskea

opstijgen / landen

kaupunki
de stad

kylä

het dorp

keskusta

het stadscentrum

talo

het huis

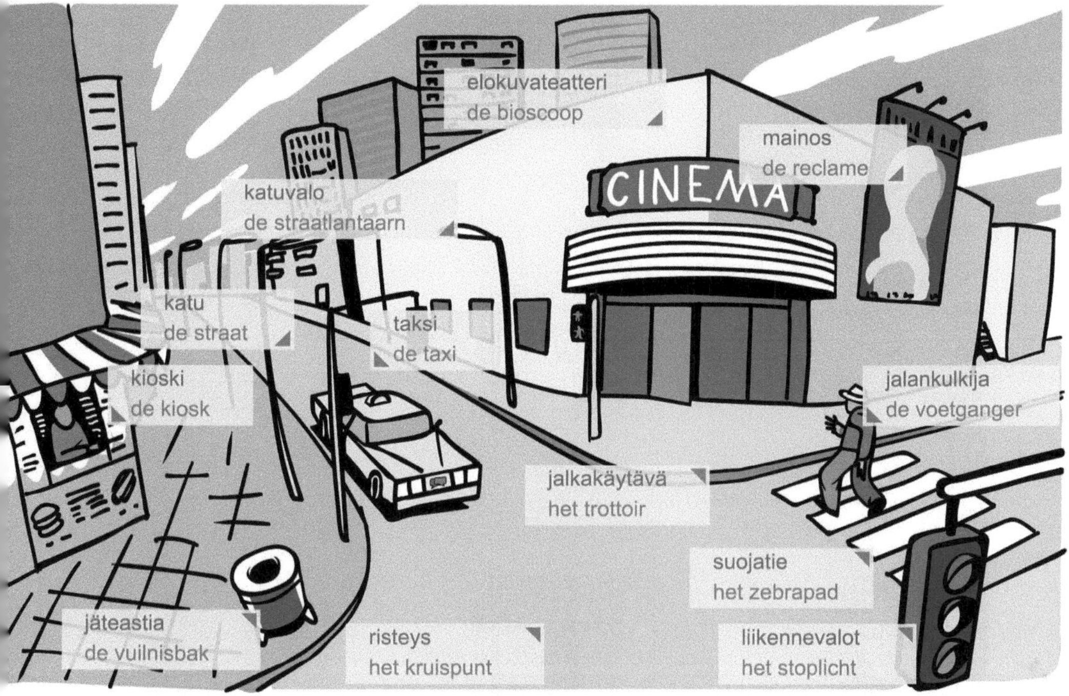

elokuvateatteri
de bioscoop
mainos
de reclame
CINEMA
katuvalo
de straatlantaarn
katu
de straat
taksi
de taxi
kioski
de kiosk
jalankulkija
de voetganger
jalkakäytävä
het trottoir
suojatie
het zebrapad
jäteastia
de vuilnisbak
risteys
het kruispunt
liikennevalot
het stoplicht

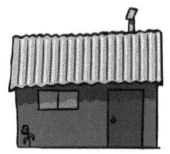

mökki

de hut

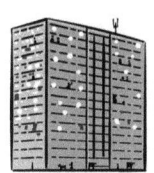

kerrostalo

het appartement

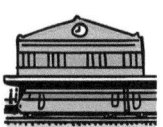

rautatieasema

het station

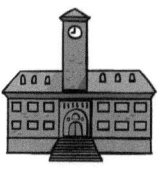

kaupungintalo

het stadhuis

MUSEUM

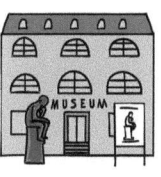

museo

het museum

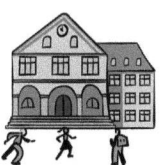

koulu

de school

yliopisto

de universiteit

pankki

de bank

sairaala

het ziekenhuis

hotelli

het hotel

apteekki

de apotheek

toimisto

het kantoor

kirjakauppa

de boekenwinkel

liike

de winkel

kukkakauppa

de bloemenwinkel

supermarketti

de supermarkt

tori

de markt

tavaratalo

het warenhuis

kalakauppias

de visboer

ostoskeskus

het winkelcentrum

satama

de haven

puisto

het park

penkki

de bank

silta

de brug

portaat

de trap

metro

de metro

tunneli

de tunnel

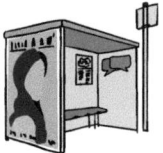

linja-autopysäkki

de bushalte

baari

de bar

ravintola

het restaurant

postilaatikko

de brievenbus

katukyltti

het straatnaambord

parkkimittari

de parkeermeter

eläintarha

de dierentuin

uimala

het zwembad

moskeija

de moskee

maatila

de boerderij

ympäristön saastuminen

de vervuiling

hautausmaa

de begraafplaats

kirkko

de kerk

leikkikenttä

de speelplaats

temppeli

de tempel

maisema
het landschap

lehti
het blad

tienviitta
de wegwijzer

tie
de weg

niitty
de weide

kivi
de steen

puu
de boom

retkeilijä
de wandelaar

joki
de rivier

ruoho
het gras

kukka
de bloem

laakso

de vallei

vuori

de berg

järvi

het meer

metsä

het bos

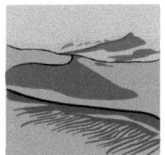

aavikko

de woestijn

tulivuori

de vulkaan

linna

het kasteel

sateenkaari

de regenboog

sieni

de paddenstoel

palmu

de palmboom

hyttynen

de mug

kärpänen

de vlieg

muurahainen

de mier

mehiläinen

de bij

hämähäkki

de spin

kovakuoriainen

de kever

sammakko

de kikker

orava

de eekhoorn

siili

de egel

jänis

de haas

pöllö

de uil

lintu

de vogel

joutsen

de zwaan

villisika

het wild zwijn

peura

het hert

hirvi

de eland

pato

de stuwdam

tuulimylly

de windmolen

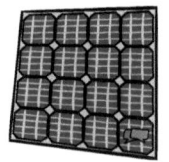

aurinkopaneeli

het zonnepaneel

ilmasto

het klimaat

ravintola
het restaurant

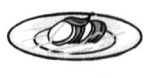

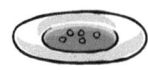

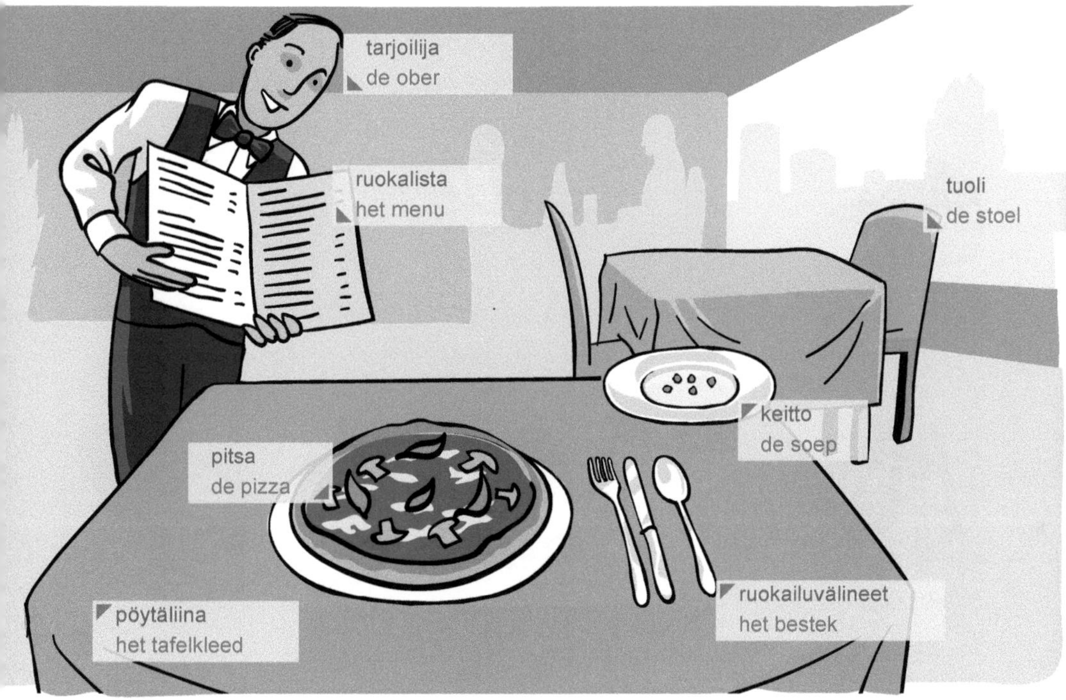
tarjoilija
de ober
ruokalista
het menu
tuoli
de stoel
keitto
de soep
pitsa
de pizza
pöytäliina
het tafelkleed
ruokailuvälineet
het bestek

alkuruoka

het voorgerecht

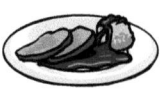

pääruoka

het hoofdgerecht

jälkiruoka

het toetje

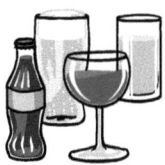

juomat

de dranken

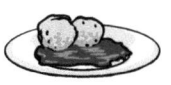

ruoka

het eten

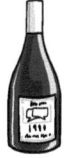

pullo

de fles

pikaruoka

de/het fastfood

katuruoka

het eetkraampje

teekannu

de theepot

sokeriastia

de suikerpot

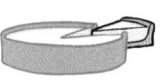

annos

de portie

espressokeitin

de espressomachine

syöttötuoli

de kinderstoel

lasku

de rekening

tarjotin

het dienblad

veitsi

het mes

haarukka

de vork

lusikka

de lepel

teelusikka

de theelepel

servietti

het servet

lasi

het glas

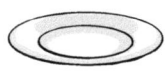

lautanen

het bord

syvä lautanen

het soepbord

aluslautanen

de schotel

kastike

de saus

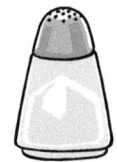

suolasirotin

het zoutvaatje

pippurimylly

de pepermolen

etikka

de azijn

öljy

de olie

mausteet

de kruiden

ketsuppi

de ketchup

sinappi

de mosterd

majoneesi

de mayonaise

supermarketti
de supermarkt

tarjous
de aanbieding
asiakas
de klant
maitotuotteet
de zuivelproducten
hedelmät
het fruit
ostoskärryt
de winkelwagen
FOR

BUTCHERS

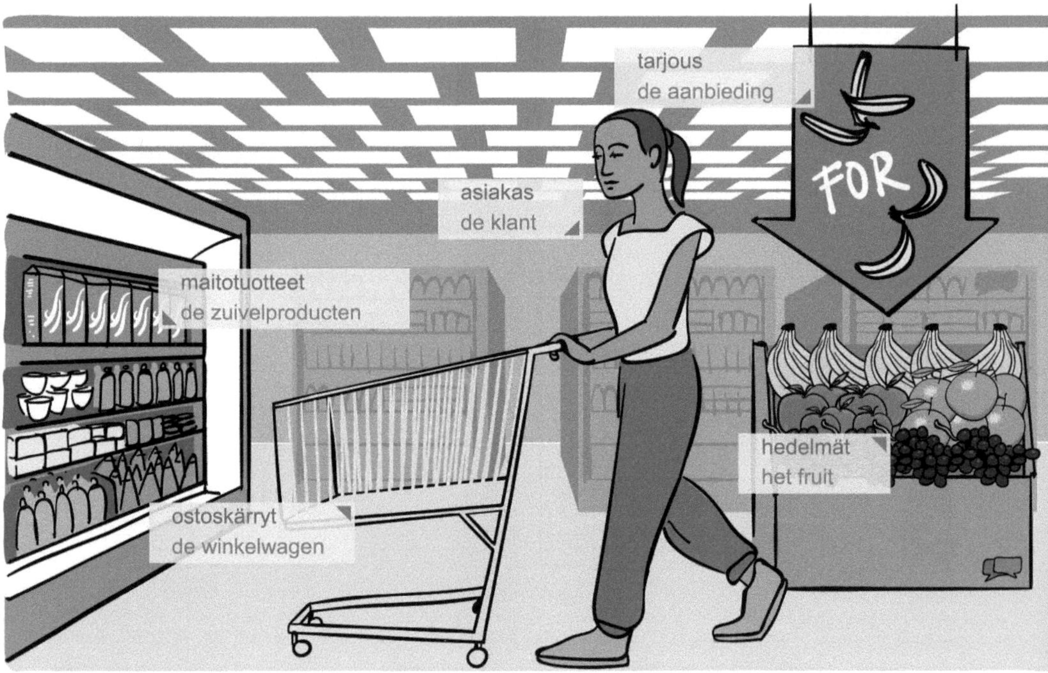

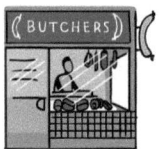

teurastamo

de slager

BAKERY

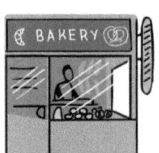

leipomo

de bakkerij

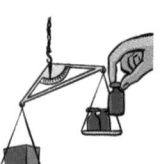

punnita

wegen

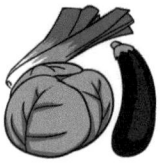

kasvikset

de groente

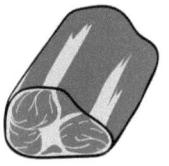

liha

het vlees

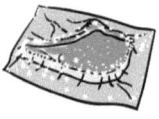

pakasteet

de diepvriesproducten

leikkele

de vleeswaren

säilykkeet

de conserven

pesujauhe

het wasmiddel

makeiset

het snoepgoed

kotitaloustarvikkeet

de huishoudelijke artikelen

puhdistusaineet

het schoonmaakmiddel

myyjä

de verkoopster

kassa

de kassa

kassanhoitaja

de kassier

ostoslista

het boodschappenlijstje

aukioloajat

de openingstijden

lompakko

de portefeuille

luottokortti

de creditkaart

kassi

de tas

muovipussi

de plastic zak

vesi

het water

mehu

het sap

maito

de melk

kokis

de cola

viini

de wijn

olut

het bier

alkoholi

de alcohol

kaakao

de chocolademelk

tee

de thee

kahvi

de koffie

espresso

de espresso

cappuccino

de cappuccino

banaani

de banaan

omena

de appel

appelsiini

de sinaasappel

meloni

de watermeloen

sitruuna

de citroen

porkkana

de wortel

valkosipuli

de knoflook

bambu

de bamboe

sipuli

de ui

sieni

de paddenstoel

pähkinät

de noten

spagetti

de pasta

spagetti

de spaghetti

riisi

de rijst

salaatti

de salade

ranskalaiset

de friet

paistetut perunat

de gebakken aardappelen

pitsa

de pizza

hampurilainen

de hamburger

voileipä

de sandwich

leike

de schnitzel

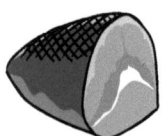

kinkku

de ham

salami

de salami

makkara

de worst

kana

de kip

paisti

het gebraad

kala

de vis

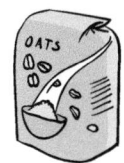

kaurahiutaleet

de havermout

mysli

de muesli

murot

de cornflakes

jauho

het meel

voisarvi

de croissant

sämpylä

de broodjes

leipä

het brood

paahtoleipä

de toast

keksit

de koekjes

voi

de boter

rahka

de kwark

kakku

de taart

kananmuna

het ei

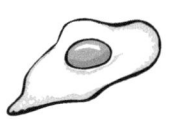

paistettu kananmuna

het gebakken ei

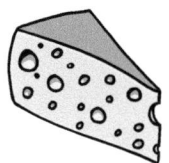

juusto

de kaas

jäätelö

het ijs

sokeri

de suiker

hunaja

de honing

hillo

de jam

suklaapähkinälevite

de chocoladepasta

curry

de kerrie

maatila
de boerderij

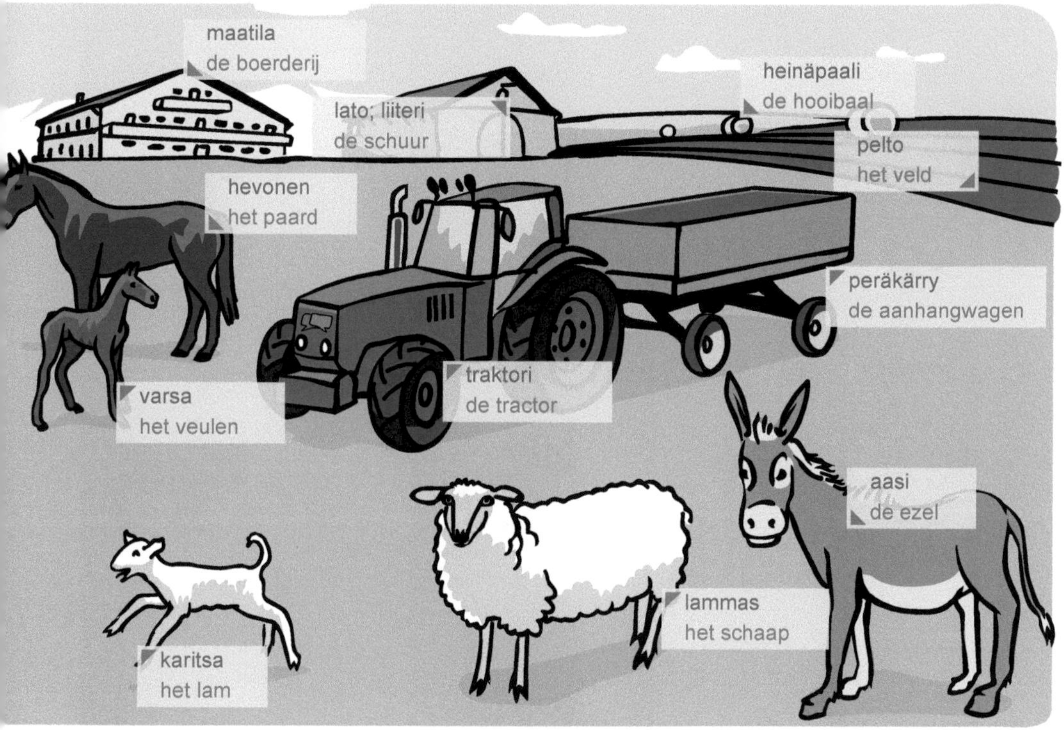
maatila
de boerderij
lato; liiteri
de schuur
heinäpaali
de hooibaal
pelto
het veld
hevonen
het paard
peräkärry
de aanhangwagen
traktori
de tractor
varsa
het veulen
aasi
de ezel
lammas
het schaap
karitsa
het lam

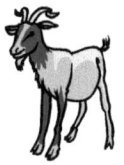

vuohi

de geit

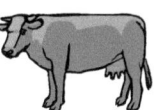

lehmä

de koe

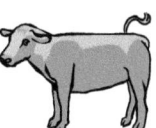

vasikka

het kalf

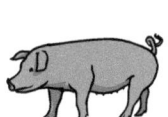

sika

het varken

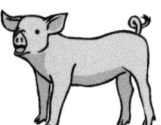

porsas

de big

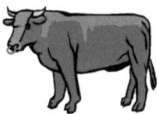

sonni

de stier

hanhi

de gans

ankka

de eend

tipu

het kuiken

kana

de kip

kukko

de haan

rotta

de rat

kissa

de kat

hiiri

de muis

härkä

de os

koira

de hond

koirankoppi

het hondenhok

puutarhaletku

de tuinslang

kastelukannu

de gieter

viikate

de zeis

aura

de ploeg

sirppi
de sikkel

kuokka
de schoffel

talikko
de hooivork

kirves
de bijl

kottikärryt
de kruiwagen

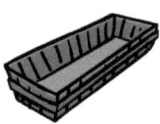

kaukalo
de trog

maitokannu
de melkbus

säkki
de zak

aita
het hek

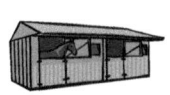

talli
de stal

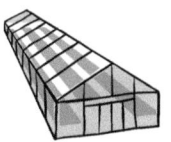

kasvihuone
de broeikas

maa
de grond

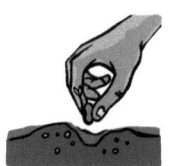

siemen
het zaad

lannoite
de mest

leikkuupuimuri
de maaidorser

kerätä sato

oogsten

sato

de oogst

jamssit

de yam

vehnä

de tarwe

soija

de soja

peruna

de aardappel

maissi

de maïs

rypsi

het koolzaad

hedelmäpuu

de fruitboom

maniokki

de maniok

vilja

de granen

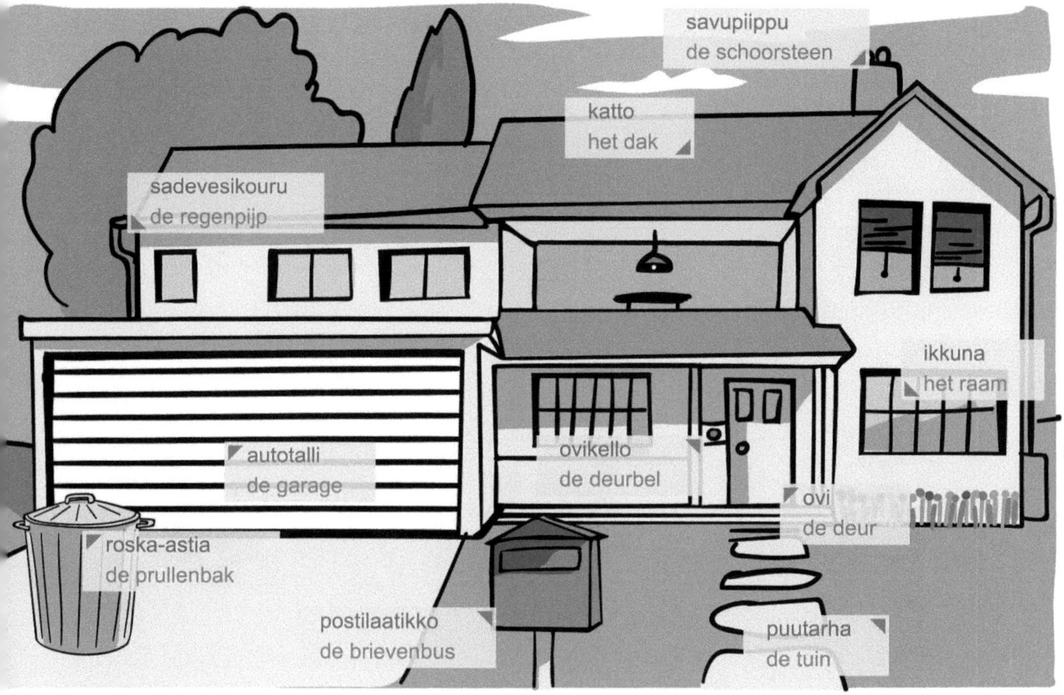

savupiippu
de schoorsteen

katto
het dak

sadevesikouru
de regenpijp

ikkuna
het raam

autotalli
de garage

ovikello
de deurbel

ovi
de deur

roska-astia
de prullenbak

postilaatikko
de brievenbus

puutarha
de tuin

olohuone

de woonkamer

kylpyhuone

de badkamer

keittiö

de keuken

makuuhuone

de slaapkamer

lastenhuone

de kinderkamer

ruokahuone

de eetkamer

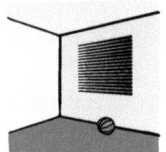

lattia
de vloer

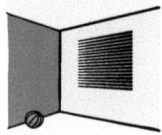

seinä
de muur

katto
het plafond

kellari
de kelder

sauna
de sauna

parveke
het balkon

terassi
het terras

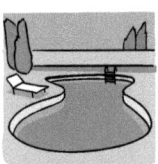

uima-allas
het zwembad

ruohonleikkuri
de grasmaaier

lakana
het laken

päiväpeitto
de bedsprei

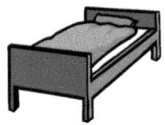

sänky
het bed

harja
de bezem

ämpäri
de emmer

katkaisin
de schakelaar

olohuone
de woonkamer

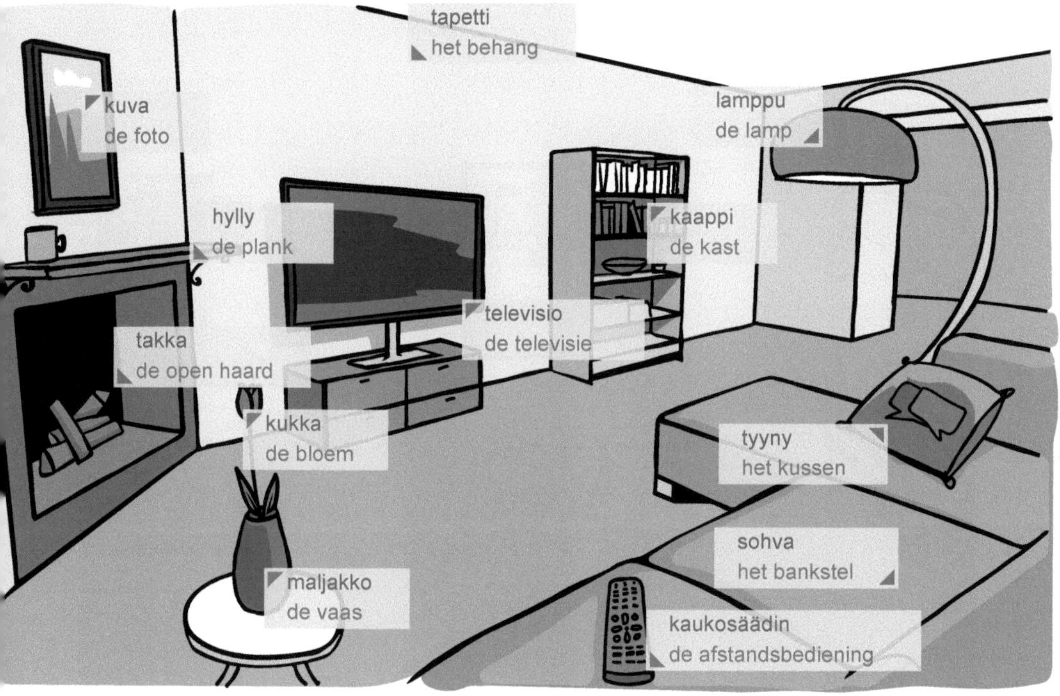

tapetti
het behang
kuva
de foto
lamppu
de lamp
hylly
de plank
kaappi
de kast
televisio
de televisie
takka
de open haard
kukka
de bloem
tyyny
het kussen
sohva
het bankstel
maljakko
de vaas
kaukosäädin
de afstandsbediening

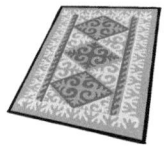

matto

het tapijt

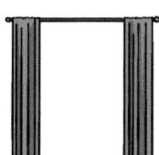

verho

het gordijn

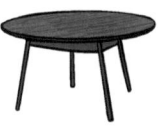

pöytä

de tafel

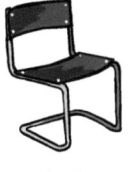

tuoli

de stoel

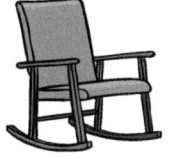

keinutuoli

de schommelstoel

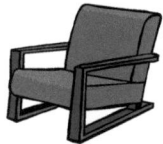

nojatuoli

de stoel

kirja

het boek

peitto

de deken

koriste

de decoratie

polttopuut

het brandhout

elokuva

de film

stereot

de stereo-installatie

avain

de sleutel

sanomalehti

de krant

maalaus

het schilderij

juliste

de poster

radio

de radio

muistivihko

het kladblok

pölynimuri

de stofzuiger

kaktus

de cactus

kynttilä

de kaars

keittiö
de keuken

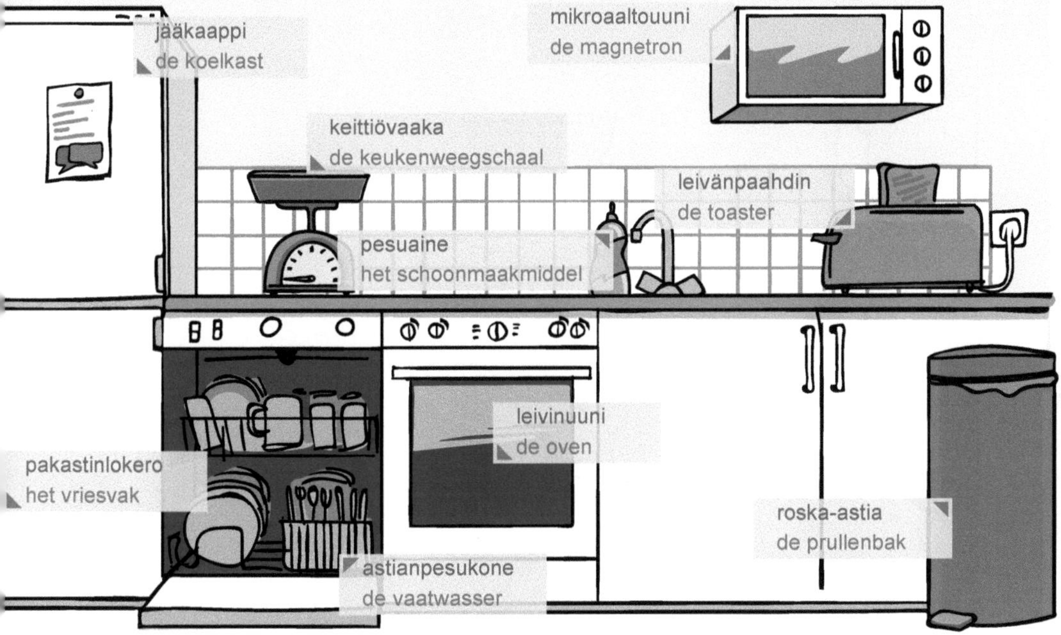
jääkaappi
de koelkast
mikroaaltouuni
de magnetron
keittiövaaka
de keukenweegschaal
leivänpaahdin
de toaster
pesuaine
het schoonmaakmiddel
leivinuuni
de oven
pakastinlokero
het vriesvak
roska-astia
de prullenbak
astianpesukone
de vaatwasser

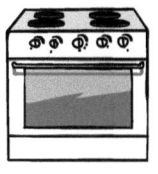

liesi
....
het fornuis

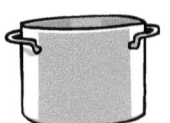

kattila
....
de pan

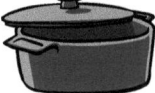

rautapata
....
de gietijzeren pan

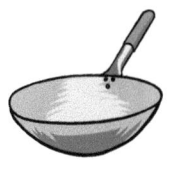

vokkipannu / kadai-pannu
....
de wok / kadai

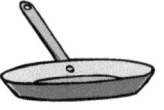

paistinpannu
....
de koekenpan

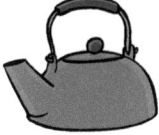

teepannu
....
de ketel

höyrykeitin

de stoomkoker

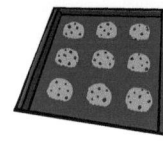

uunipelti

de bakplaat

astiat

het servies

muki

de beker

kulho

de kom

syömäpuikot

de eetstokjes

kauha

de soeplepel

paistinlasta

de spatel

vispilä

de garde

siivilä

het vergiet

siivilä

de zeef

raastin

de rasp

mortteli

de vijzel

grilli

de barbecue

avotuli

de vuurhaard

leikkuulauta

de snijplank

kaulin

de deegroller

korkinavaaja

de kurkentrekker

purkki

het blik

purkinavaaja

de blikopener

pannulappu

de pannenlap

lavuaari

de wasbak

tiskiharja

de borstel

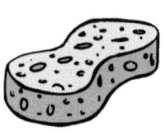

pesusieni

de spons

tehosekoitin

de blender

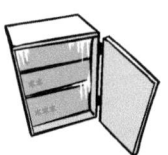

pakastin

de vriezer

tuttipullo

het babyflesje

vesihana

de kraan

kylpyhuone
de badkamer

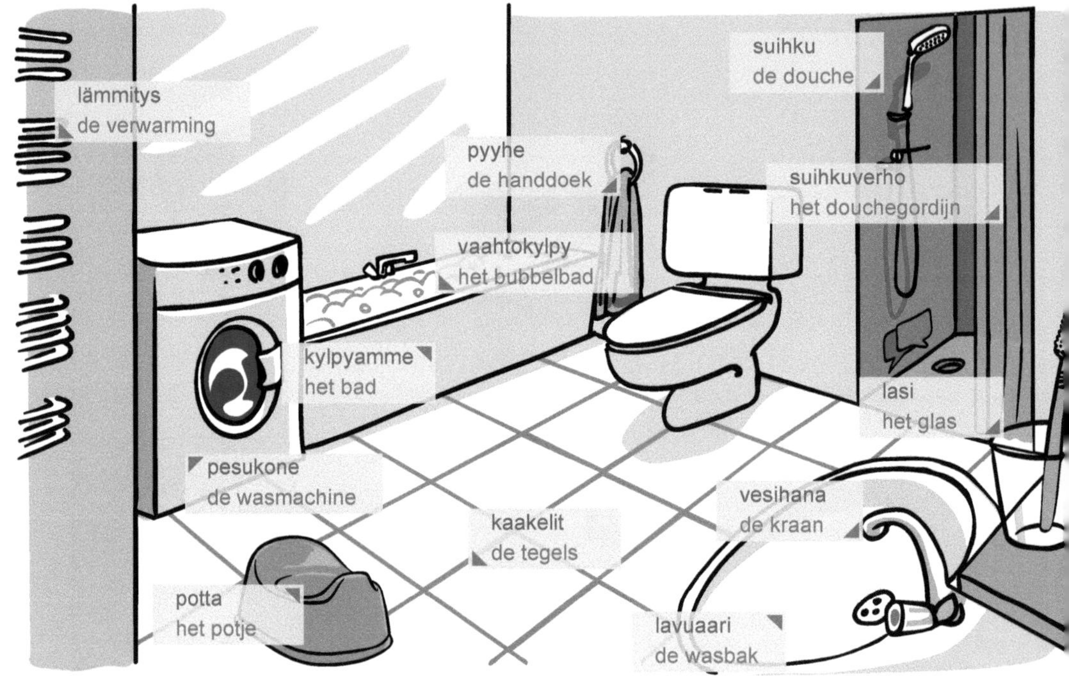

lämmitys
de verwarming
pyyhe
de handdoek
suihku
de douche
suihkuverho
het douchegordijn
vaahtokylpy
het bubbelbad
kylpyamme
het bad
lasi
het glas
pesukone
de wasmachine
vesihana
de kraan
kaakelit
de tegels
potta
het potje
lavuaari
de wasbak

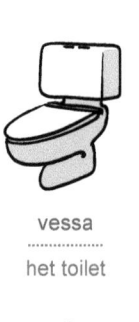

vessa

het toilet

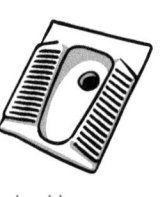

kyykkyvessa

het hurktoilet

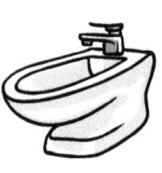

bidee

de/het bidet

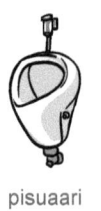

pisuaari

het urinoir

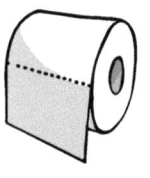

vessapaperi

het toiletpapier

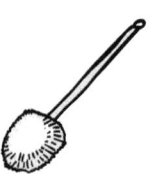

vessaharja

de toiletborstel

hammasharja

de tandenborstel

hammastahna

de tandpasta

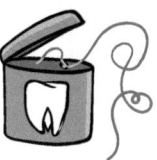

hammaslanka

het flosdraad

pestä

wassen

käsisuihku

de handdouche

intiimisuihku

de toiletdouche

pesuvati

de waskom

selkäharja

de rugborstel

saippua

de zeep

suihkugeeli

de douchegel

shampoo

de shampoo

pesulappu

het washandje

viemäri

de afvoer

voide

de creme

deodorantti

de deodorant

peili

de spiegel

käsipeili

de make-upspiegel

partaveitsi

het scheermes

partavaahto

het scheerschuim

partavesi

de aftershave

kampa

de kam

harja

de borstel

hiustenkuivaaja

de haardroger

hiuslakka

de haarspray

meikki

de make-up

huulipuna

de lippenstift

kynsilakka

de nagellak

pumpuli

de watten

kynsisakset

het nagelschaartje

hajuvesi

de/het parfum

kosmetiikkalaukku

de toilettas

jakkara

de kruk

vaaka

de weegschaal

kylpytakki

de badjas

kumihansikkaat

de rubber handschoenen

tamponi

de tampon

terveysside

het maandverband

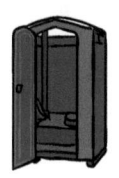

kemiallinen wc

het chemisch toilet

lastenhuone
de kinderkamer

herätyskello
de wekker
pehmolelu
het knuffeldier
leikkiauto
de speelgoedauto
helistin
de rammelaar
nukkekoti
het poppenhuis
lahja
het cadeau

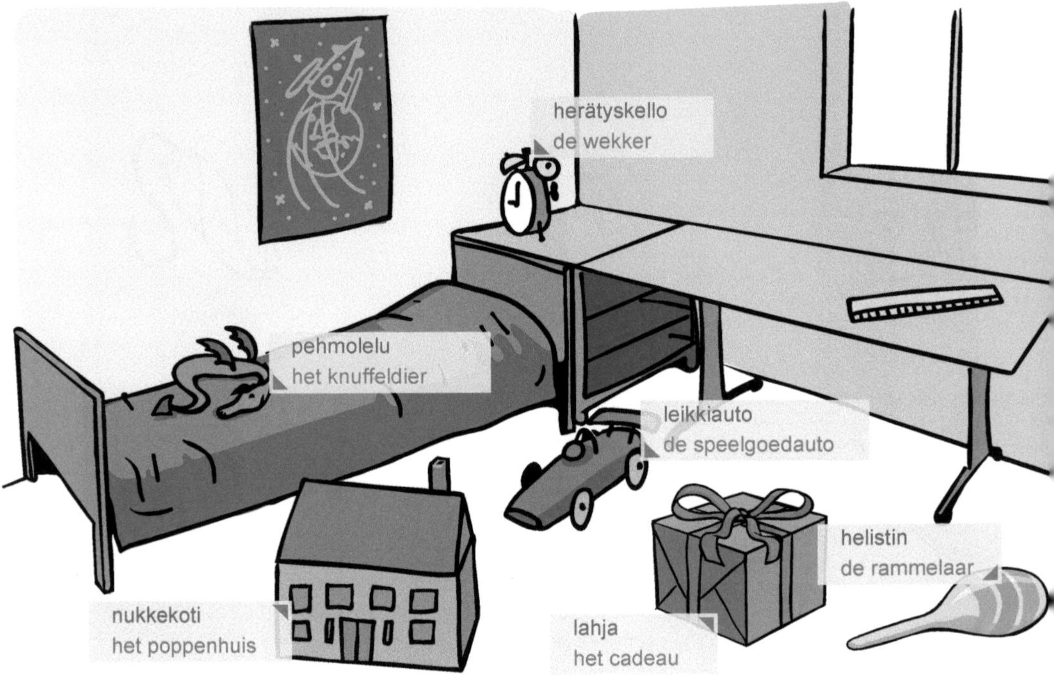

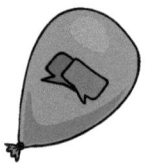

ilmapallo

de ballon

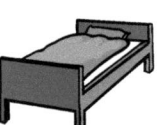

sänky

het bed

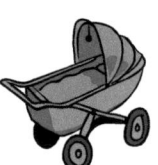

lastenvaunut

de kinderwagen

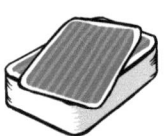

korttipeli

het kaartspel

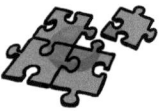

palapeli

de puzzel

SUPER
MEGA

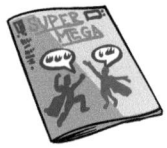

sarjakuva

het stripverhaal

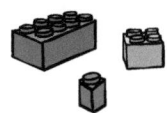

legopalikat

de legostenen

rakennuspalikat

de speelgoedblokken

supersankari

het actiefiguurtje

potkupuku

de romper

frisbee

de frisbee

mobile

de/het mobile

lautapeli

het bordspel

noppa

de dobbelsteen

pienoisjunarata

de modeltrein

tutti

de speen

juhlat

het feestje

kuvakirja

het prentenboek

pallo

de bal

nukke

de pop

leikkiä

spelen

hiekkalaatikko

de zandbak

keinu

de schommel

lelut

het speelgoed

pelikonsoli

de spelcomputer

kolmipyörä

de driewieler

nalle

de teddybeer

vaatekaappi

de kleerkast

vaatteet
de kleding

sukat

de sokken

nylonsukat

de kousen

sukkahousut

de panty

kaulaliina
de sjaal

vyö
de riem

sateenvarjo
de paraplu

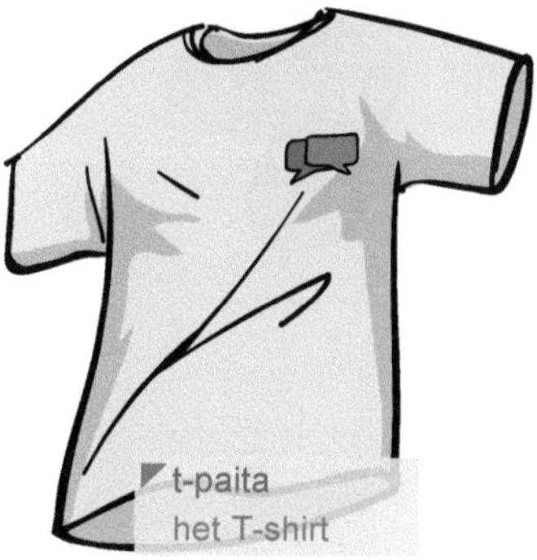

t-paita
het T-shirt

lenkkarit
de sportschoenen

saappaat
de laarzen

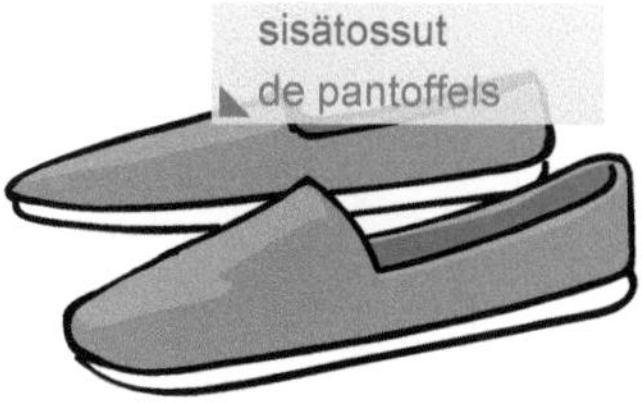

sisätossut
de pantoffels

sandaalit
de sandalen

kengät
de schoenen

kumisaappaat
de rubberlaarzen

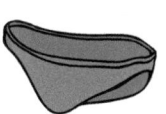

alushousut
de onderbroek

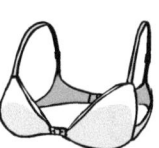

rintaliivit
de beha

aluspaita
het onderhemd

body
de body

housut
de broek

farkut
de spijkerbroek

hame
de rok

pusero
de blouse

paita
het overhemd

villapaita
de trui

collegepaita
de hoody

jakku
de blazer

takki
de jas

takki
de mantel

sadetakki
de regenjas

puku
het kostuum

mekko
de jurk

hääpuku
de trouwjurk

puku

het pak

yöpaita

het nachthemd

pyjama

de pyjama

shari

de sari

päähuivi

de hoofddoek

turbaani

de tulband

burka

de boerka

kaftaani

de kaftan

abaya

de abaja

uimapuku

het zwempak

uimahousut

de zwembroek

shortsit

de korte broek

verkkarit

het trainingspak

esiliina

de/het schort

käsineet

de handschoenen

nappi

de knoop

silmälasit

de bril

rannekoru

de armband

kaulakoru

de ketting

sormus

de ring

korvakoru

de oorbel

lippalakki

de pet

ripustin

de kledinghanger

hattu

de hoed

solmio

de stropdas

vetoketju

de rits

kypärä

de helm

henkselit

de bretels

koulupuku

het schooluniform

univormu

het uniform

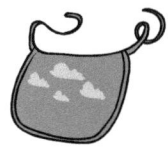

ruokalappu

het slabbetje

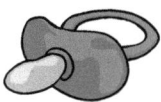

tutti

de speen

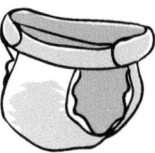

vaippa

de luier

toimisto
het kantoor

palvelin
de server
asiakirjakaappi
de archiefkast
tulostin
de printer
paperi
het papier
näyttö
het beeldscherm
hiiri
de muis
kirjoituspöytä
het bureau
kansio
de map
näppäimistö
het toetsenbord
roskakori
de prullenmand
tietokone
de computer
tuoli
de stoel

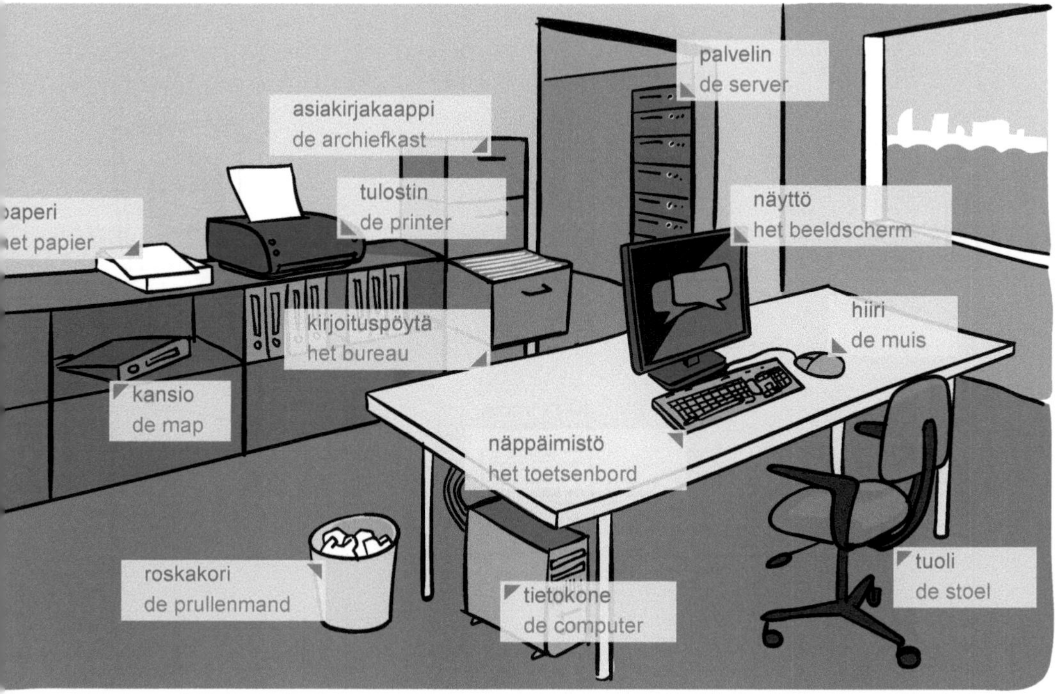

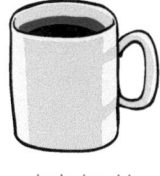

kahvimuki

de koffiemok

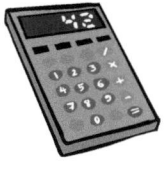

taskulaskin

de rekenmachine

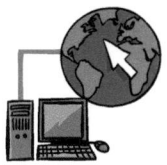

internet

het internet

kannettava tietokone

de laptop

kirje

de brief

viesti

het bericht

kännykkä

de mobiele telefoon

verkko

het netwerk

kopiokone

de kopieermachine

ohjelmisto

de software

puhelin

de telefoon

pistorasia

het stopcontact

faksi

de fax

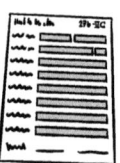

lomake

het formulier

asiakirja

het document

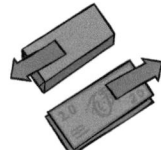

ostaa
kopen

maksaa
betalen

vaihtaa
handel drijven

raha
het geld

dollari
de dollar

euro
de euro

jeni
de yen

rupla
de roebel

frangi
de Zwitserse frank

renminbi juan
de renminbi yuan

rupia
de roepie

pankkiautomaatti
de geldautomaat

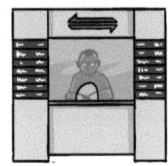

rahanvaihto

het wisselkantoor

kulta

het goud

hopea

het zilver

öljy

de olie

energia

de energie

hinta

de prijs

sopimus

het contract

vero

de belasting

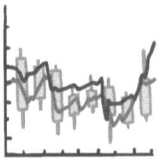

osake

het aandeel

työskennellä

werken

työntekijä

de werknemer

työnantaja

de werkgever

tehdas

de fabriek

liike

de winkel

ammatit
de beroepen

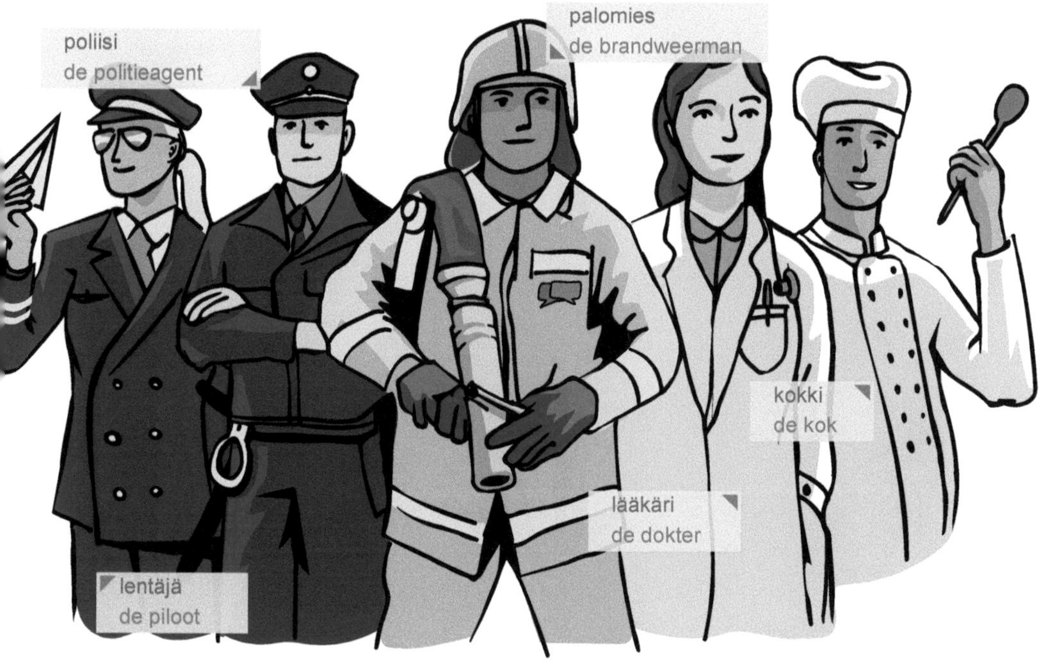
poliisi
de politieagent
palomies
de brandweerman
kokki
de kok
lääkäri
de dokter
lentäjä
de piloot

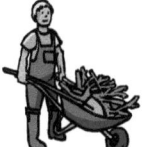

puutarhuri

de tuinman

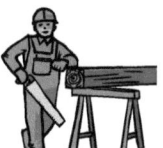

puuseppä

de timmerman

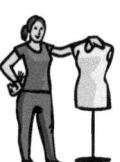

ompelija

de naaister

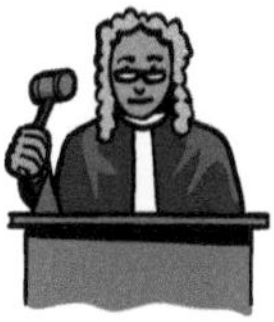

tuomari

de rechter

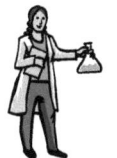

kemisti

de scheikundige

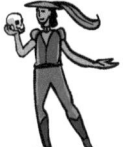

näyttelijä

de toneelspeler

linja-autonkuljettaja

de buschauffeur

taksinkuljettaja

de taxichauffeur

kalastaja

de visser

siivooja

de schoonmaakster

katontekijä

de dakdekker

tarjoilija

de ober

metsästäjä

de jager

maalari

de schilder

leipuri

de bakker

sähköasentaja

de elektricien

rakentaja

de bouwvakker

insinööri

de ingenieur

teurastaja

de slager

putkiasentaja

de loodgieter

postinjakaja

de postbode

sotilas

de soldaat

arkkitehti

de architect

kassanhoitaja

de kassier

floristi

de bloemist

kampaaja

de kapper

konduktööri

de conducteur

mekaanikko

de monteur

kapteeni

de kapitein

hammaslääkäri

de tandarts

tiedemies

de wetenschapper

rabbi

de rabbi

imaami

de imam

munkki

de monnik

pappi

de pastoor

työkalut
het gereedschap

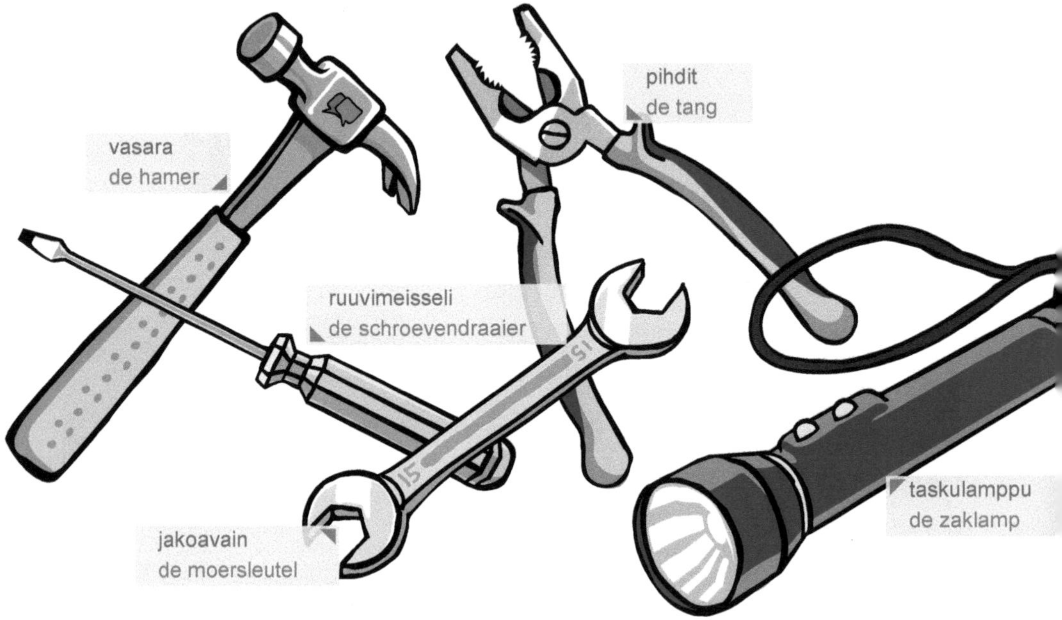

pihdit
de tang
vasara
de hamer
ruuvimeisseli
de schroevendraaier
taskulamppu
de zaklamp
jakoavain
de moersleutel

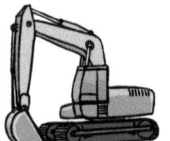

kaivinkone

de graafmachine

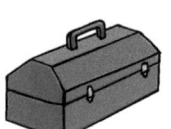

työkalupakki

de gereedschapskist

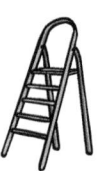

tikkaat

de ladder

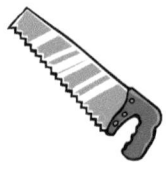

saha

de zaag

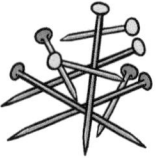

naulat

de spijkers

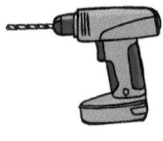

pora

de boor

korjata
repareren

lapio
de schep

Hitto!
Verdorie!

rikkalapio
het stofblik

maalipurkki
de verfpot

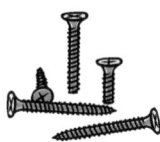

ruuvit
de schroeven

soittimet
de muziekinstrumenten

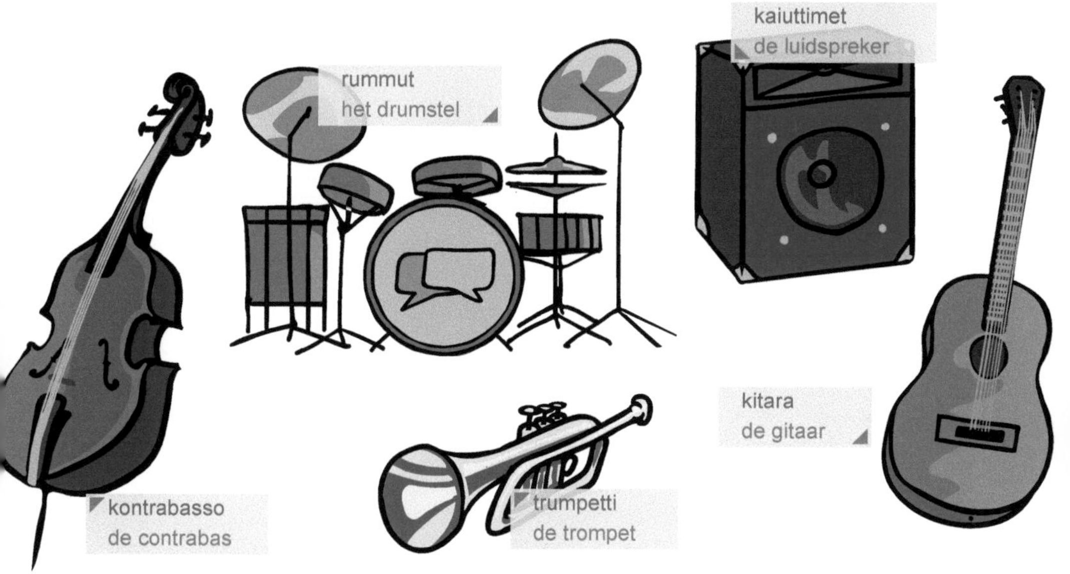

kaiuttimet
de luidspreker

rummut
het drumstel

kitara
de gitaar

kontrabasso
de contrabas

trumpetti
de trompet

piano

de piano

viulu

de viool

basso

de bas

patarummut

de pauk

rumpu

de trommel

kosketinsoitin

het keyboard

saksofoni

de saxofoon

huilu

de fluit

mikrofoni

de microfoon

eläintarha
de dierentuin

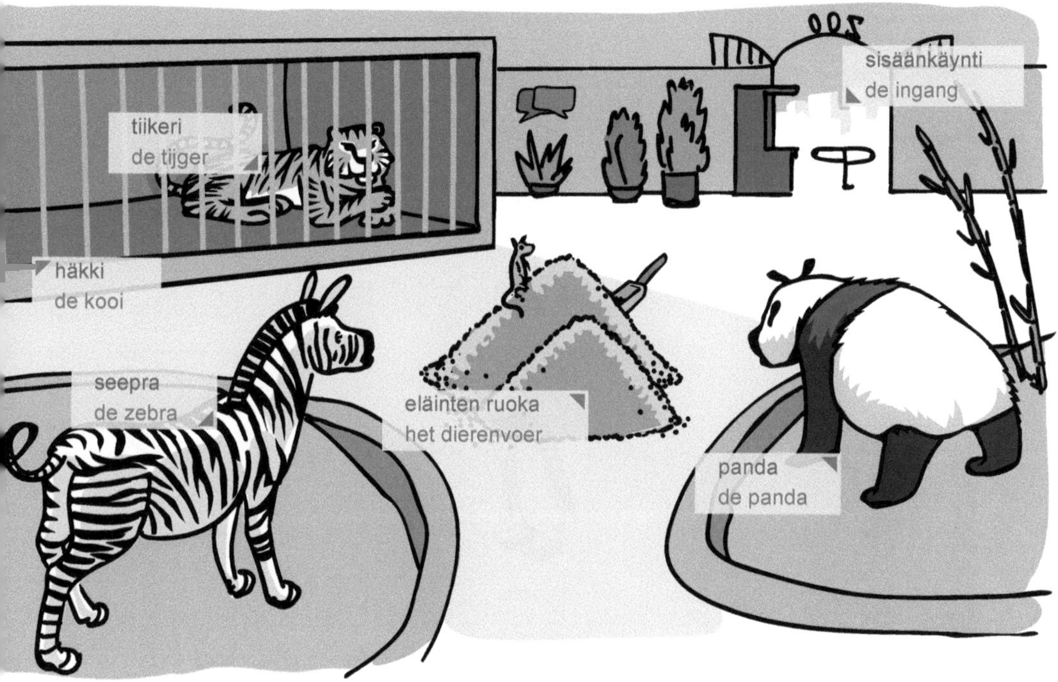
zoo
sisäänkäynti
de ingang
tiikeri
de tijger
häkki
de kooi
seepra
de zebra
eläinten ruoka
het dierenvoer
panda
de panda

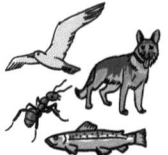

eläimet
....
de dieren

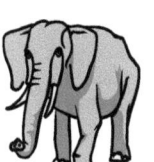

norsu
....
de olifant

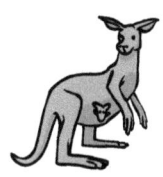

kenguru
....
de kangoeroe

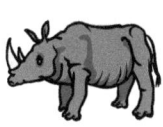

sarvikuono
....
de neushoorn

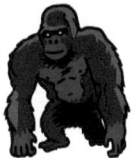

gorilla
....
de gorilla

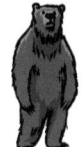

karhu
....
de beer

kameli

de kameel

strutsi

de struisvogel

leijona

de leeuw

apina

de aap

flamingo

de flamingo

papukaija

de papegaai

jääkarhu

de ijsbeer

pingviini

de pinguïn

hai

de haai

riikinkukko

de pauw

käärme

de slang

krokotiili

de krokodil

eläintarhanhoitaja

de dierenverzorger

hylje

de zeehond

jaguaari

de jaguar

poni
de pony

leopardi
de/het luipaard

virtahepo
het nijlpaard

kirahvi
de giraffe

kotka
de adelaar

villisika
het wild zwijn

kala
de vis

kilpikonna
de schildpad

mursu
de walrus

kettu
de vos

gaselli
de gazelle

amerikkalainen jalkapallo
American football

pyöräily
wielrennen

tennis
tennis

koripallo
basketbal

uinti
zwemmen

nyrkkeily
boksen

jääkiekko
ijshockey

jalkapallo
voetbal

sulkapallo
badminton

yleisurheilu
atletiek

käsipallo
handbal

hiihto
skiën

poolo
polo

hypätä
springen

nauraa
lachen

halata
knuffelen

kävellä
lopen

laulaa
zingen

rukoilla
bidden

suudella
kussen

unelmoida
dromen

kirjoittaa

schrijven

piirtää

tekenen

näyttää

tonen

painaa

duwen

antaa

geven

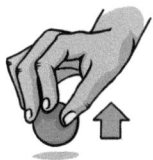

ottaa

oppakken

omistaa

hebben

tehdä

doen

olla

zijn

seisoa

staan

juosta

rennen

vetää

trekken

heittää

gooien

kaatua

vallen

maata

liggen

odottaa

wachten

kantaa

dragen

istua

zitten

pukeutua

aankleden

nukkua

slapen

herätä

wakker worden

katsoa

bekijken

itkeä

huilen

silittää

strelen

kammata

kammen

puhua

praten

ymmärtää

begrijpen

kysyä

vragen

kuunnella

horen

juoda

drinken

syödä

eten

siivota

opruimen

rakastaa

houden van

keittää

koken

ajaa

rijden

lentää

vliegen

purjehtia

zeilen

laskea

rekenen

lukea

lezen

oppia

leren

työskennellä

werken

mennä naimisiin

trouwen

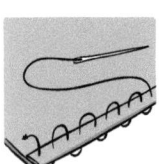

ommella

naaien

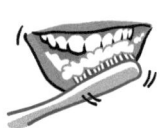

pestä hampaat

tandenpoetsen

tappaa

doden

tupakoida

roken

lähettää

verzenden

perhe
de familie

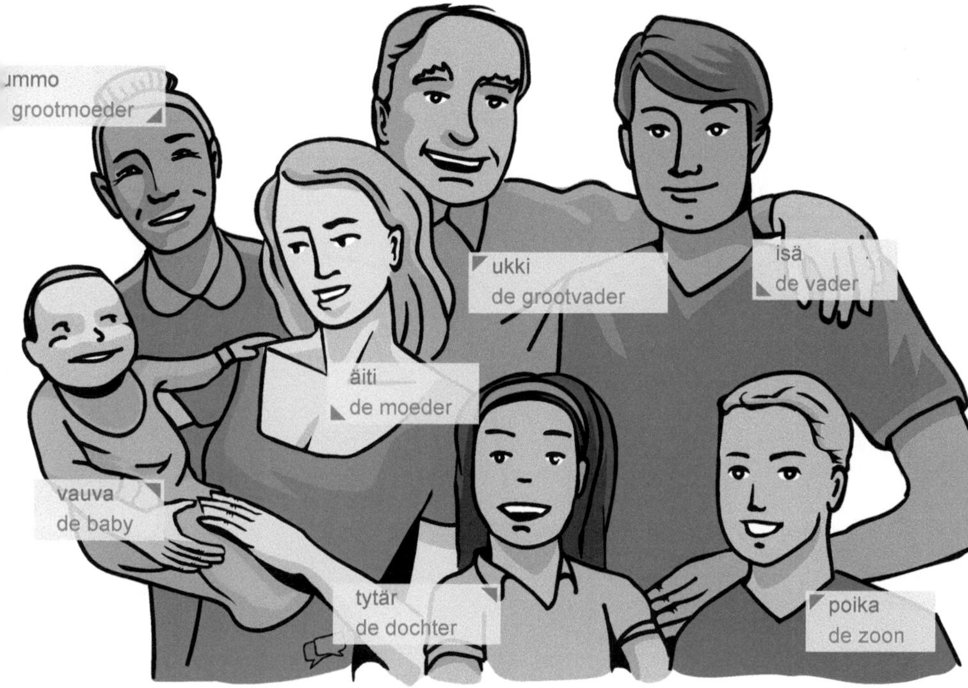
ımmo
grootmoeder
ukki
de grootvader
isä
de vader
äiti
de moeder
vauva
de baby
tytär
de dochter
poika
de zoon

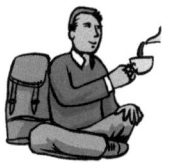

vieras

de gast

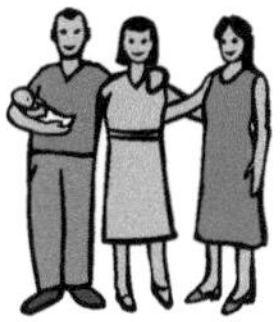

täti

de tante

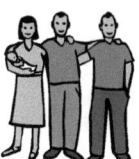

setä

de oom

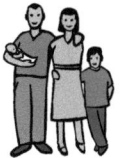

veli

de broer

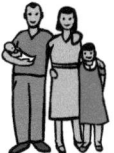

sisko

de zus

vartalo
het lichaam

otsa
het voorhoofd
silmä
het oog
olkapää
de schouder
sormet
de vinger
kasvot
het gezicht
leuka
de kin
käsi
de hand
jalka
het been
rinta
de borst
käsivarsi
de arm

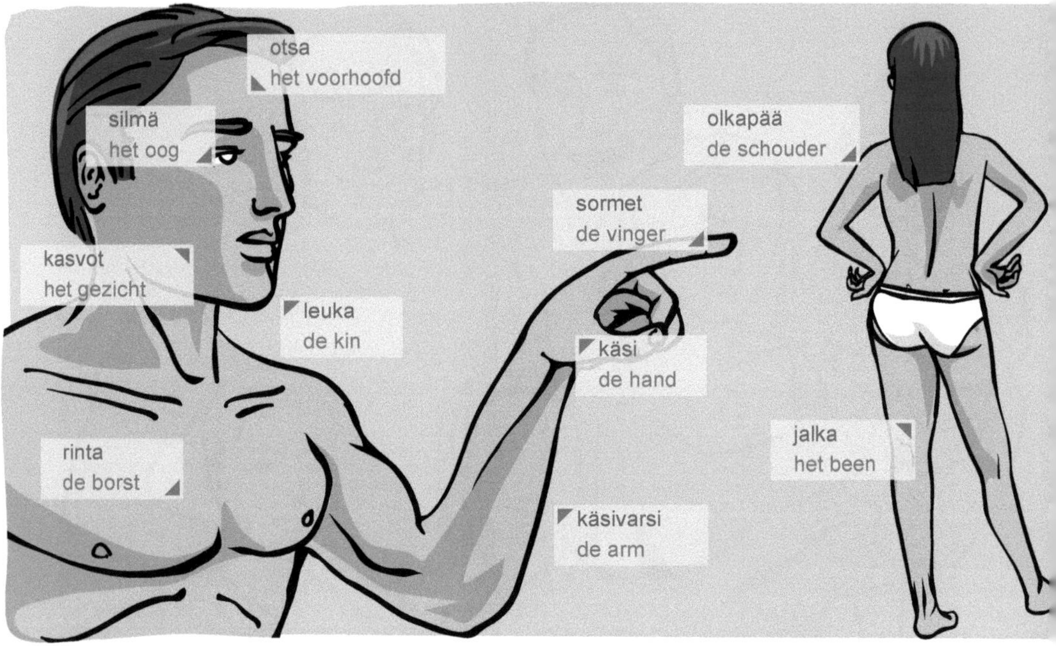

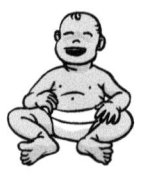

vauva

de baby

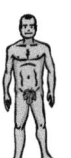

mies

de man

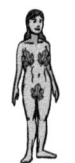

nainen

de vrouw

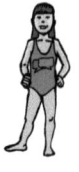

tyttö

het meisje

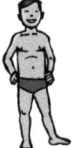

poika

de jongen

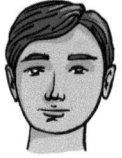

pää

het hoofd

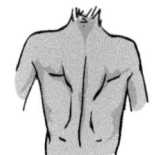

selkä

de rug

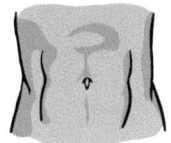

maha

de buik

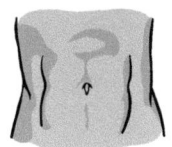

napa

de navel

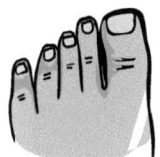

varvas

de teen

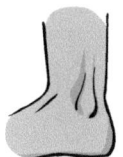

kantapää

de hiel

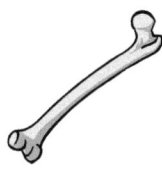

luu

het bot

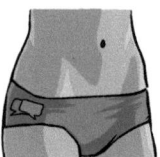

lantio

de heup

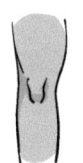

polvi

de knie

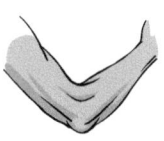

kyynärpää

de elleboog

nenä

de neus

takapuoli

het achterwerk

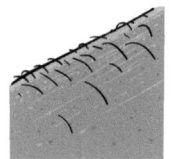

iho

de huid

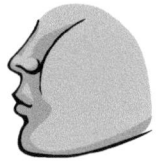

poski

de wang

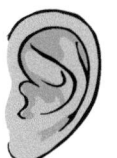

korva

het oor

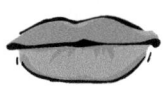

huuli

de lippen

suu

de mond

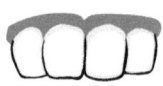

hammas

de tand

kieli

de tong

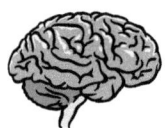

aivot

de hersenen

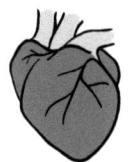

sydän

het hart

lihas

de spier

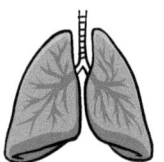

keuhkot

de long

maksa

de lever

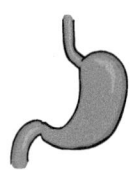

vatsa

de maag

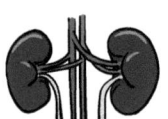

munuaiset

de nieren

seksi

de geslachtsgemeenschap

kondomi

het condoom

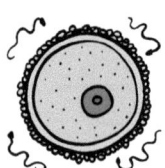

munasolu

de eicel

sperma

het sperma

raskaus

de zwangerschap

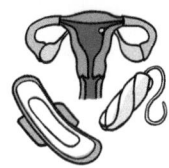

kuukautiset

de menstruatie

vagina

de vagina

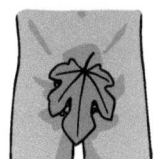

penis

de penis

kulmakarvat

de wenkbrauw

hiukset

het haar

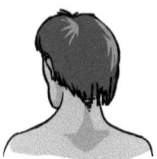

niska

de hals

sairaala
het ziekenhuis

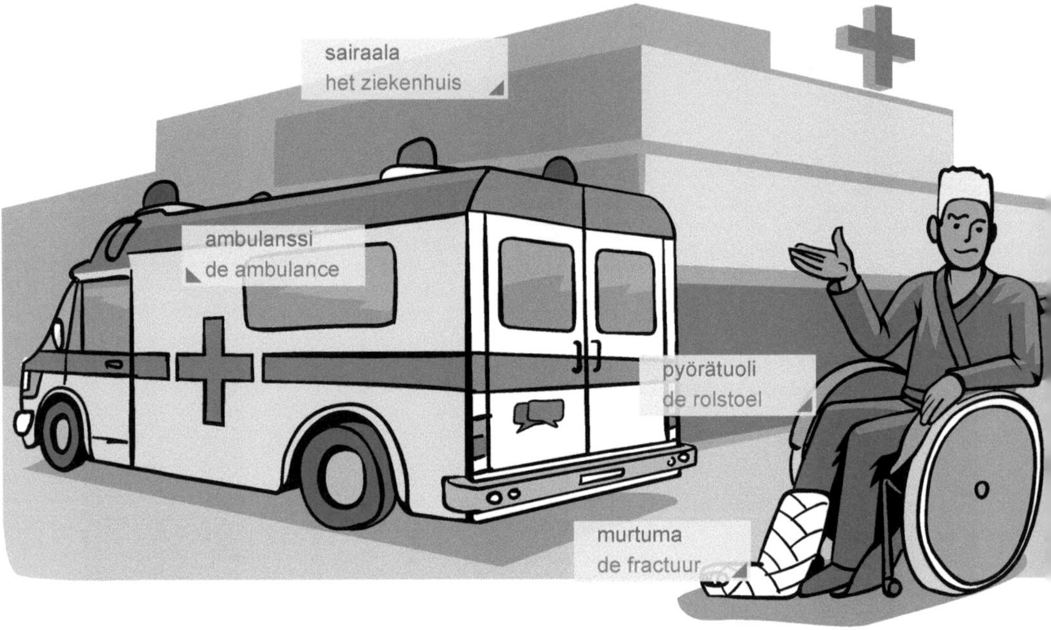

sairaala
het ziekenhuis
ambulanssi
de ambulance
pyörätuoli
de rolstoel
murtuma
de fractuur

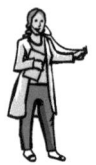

lääkäri

de dokter

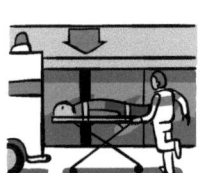

ensiapu

de EHBO

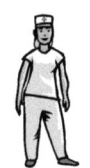

sairaanhoitaja

de verpleegster

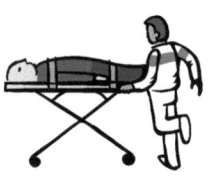

hätätilanne

het noodgeval

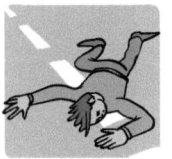

tajuton

bewusteloos

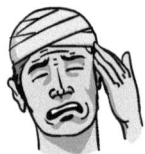

kipu

de pijn

vamma

de verwonding

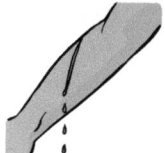

verenvuoto

de bloeding

sydänkohtaus

de hartaanval

aivoinfarkti

de beroerte

allergia

de allergie

yskä

de hoest

kuume

de koorts

flunssa

de griep

ripuli

de diarree

päänsärky

de hoofdpijn

syöpä

de kanker

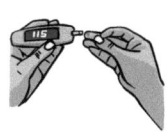

diabetes

de diabetes

kirurgi

de chirurg

veitsi

het scalpel

leikkaus

de operatie

ct

de CT

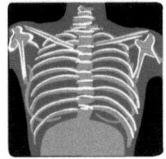

röntgen

de röntgen

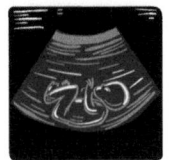

ultraääni

de echografie

maski

het gezichtsmasker

sairaus

de ziekte

odotushuone

de wachtkamer

sauva

de kruk

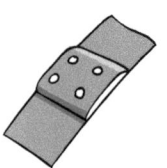

laastari

de pleister

side

het verband

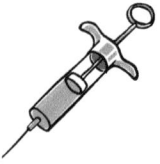

pistos

de injectie

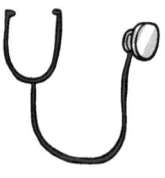

stetoskooppi

de stethoscoop

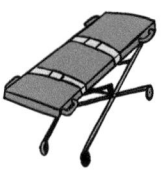

paarit

de brancard

kuumemittari

de thermometer

syntymä

de geboorte

ylipaino

het overgewicht

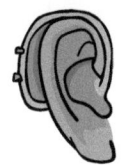

kuulolaite

het gehoorapparaat

desinfiointiaine

het ontsmettingsmiddel

infektio

de infectie

virus

het virus

HIV / AIDS

(de) HIV / AIDS

lääke

het medicijn

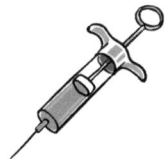

rokotus

de inenting

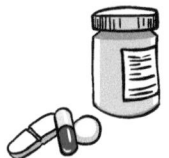

tabletit

de tabletten

pilleri

de pil

hätäpuhelu

het alarmnummer

verenpainemittari

de bloeddrukmeter

sairas / terve

ziek / gezond

Apua!

Help!

ryöstö

de overval

hälytys

het alarm

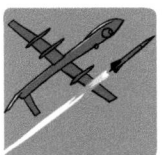

hyökkäys

de aanval

vaara

het gevaar

hätäuloskäynti

de nooduitgang

Tulipalo!

Brand!

palosammutin

de brandblusser

onnettomuus

het ongeluk

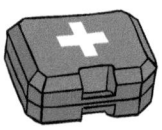

ensiapulaukku

de EHBO-koffer

SOS

SOS

poliisilaitos

de politie

Eurooppa

Europa

Pohjois-Amerikka

Noord-Amerika

Etelä-Amerikka

Zuid-Amerika

Afrikka

Afrika

Aasia

Azië

Australia

Australië

Atlantin valtameri

de Atlantische Oceaan

Tyynimeri

de Stille Oceaan

Intian valtameri

de Indische Oceaan

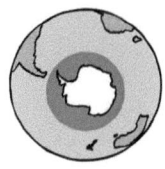

Eteläinen jäämeri

de Zuidelijke Oceaan

Pohjoinen jäämeri

de Noordelijke IJszee

pohjoisnapa

de Noordpool

etelänapa

de Zuidpool

Antarktis

Antarctica

maa

de aarde

maa

het land

meri

de zee

saari

het eiland

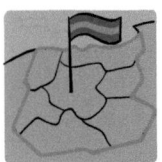

kansa

de natie

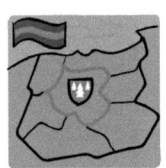

osavaltio

de staat

kellotaulu

de wijzerplaat

tuntiviisari

de uurwijzer

minuuttiviisari

de minutenwijzer

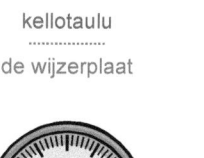

sekuntiviisari

de secondewijzer

Paljonko kello on?

Hoe laat is het?

päivä

de dag

aika

de tijd

nyt

nu

digitaalikello

het digitaal horloge

minuutti

de minuut

tunti

het uur

viikko
de week

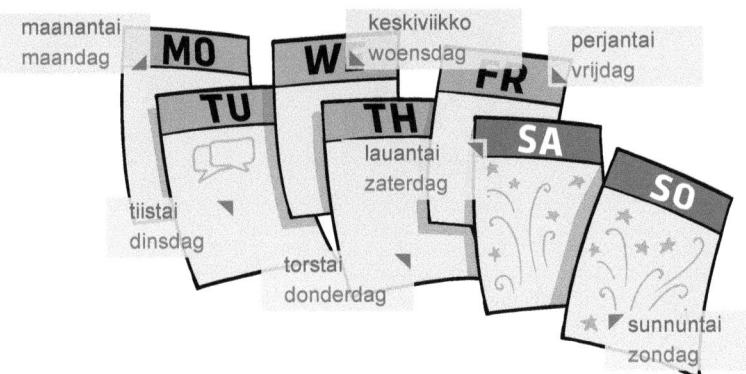

maanantai
maandag

keskiviikko
woensdag

perjantai
vrijdag

tiistai
dinsdag

lauantai
zaterdag

torstai
donderdag

sunnuntai
zondag

eilen

gisteren

tänään

vandaag

huomenna

morgen

aamu

de ochtend

keskipäivä

de middag

ilta

de avond

MO	TU	WE	TH	FR	SA	SU
1	2	3	4	5	6	7
8	9	10	11	12	13	14
15	16	17	18	19	20	21
22	23	24	25	26	27	28
29	30	31	1	2	3	4

työpäivät

de werkdagen

MO	TU	WE	TH	FR	SA	SU
1	2	3	4	5	6	7
8	9	10	11	12	13	14
15	16	17	18	19	20	21
22	23	24	25	26	27	28
29	30	31	1	2	3	4

viikonloppu

het weekend

vuosi
het jaar

sade
de regen
sateenkaari
de regenboog
lumi
de sneeuw
tuuli
de wind
kevät
het voorjaar
syksy
de herfst
kesä
de zomer
talvi
de winter

4.APRIL 11°
5.APRIL 4°
6.APRIL 13°
7.APRIL 8°
8.APRIL 10°

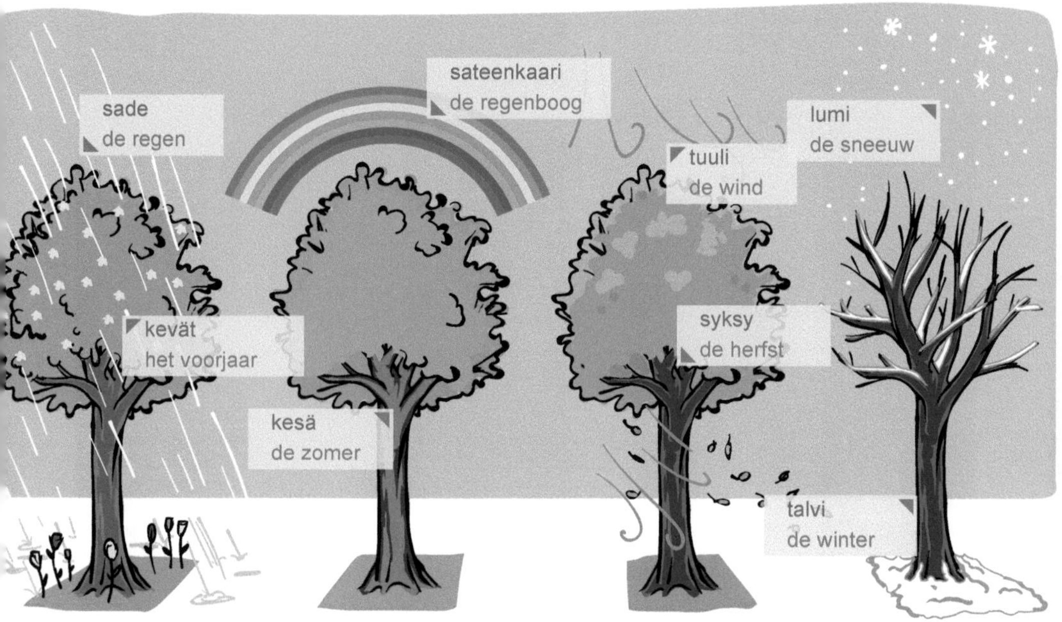

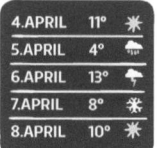

sääennuste

het weerbericht

F
C
120
90
60
30
0
-30
40
30
20
10
0
-10
-20

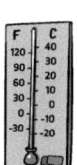

lämpömittari

de thermometer

auringonpaiste

de zonneschijn

pilvi

de wolk

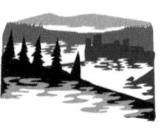

sumu

de mist

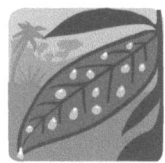

ilmankosteus

de luchtvochtigheid

salama

de bliksem

ukkonen

de donder

myrsky

de storm

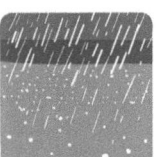

rae

de hagel

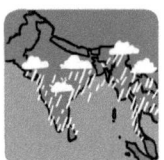

monsuuni

de moesson

tulva

de overstroming

jää

het ijs

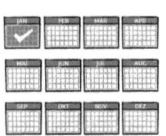

tammikuu

januari

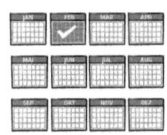

helmikuu

februari

maaliskuu

maart

huhtikuu

april

toukokuu

mei

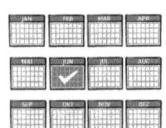

kesäkuu

juni

heinäkuu

juli

elokuu

augustus

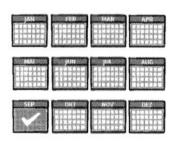

syyskuu
....
september

lokakuu
....
oktober

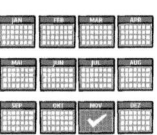

marraskuu
....
november

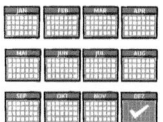

joulukuu
....
december

muodot
de vormen

ympyrä
....
de cirkel

neliö
....
het vierkant

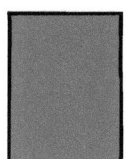

suorakulmio
....
de rechthoek

kolmio
....
de driehoek

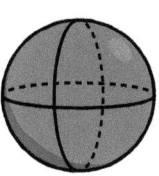

pallo
....
de bol

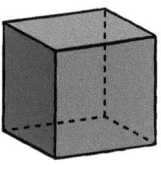

kuutio
....
de kubus

valkoinen

wit

keltainen

geel

oranssi

oranje

vaaleanpunainen

roze

punainen

rood

violetti

paars

sininen

blauw

vihreä

groen

ruskea

bruin

harmaa

grijs

musta

zwart

paljon / vähän
veel / weinig

vihainen / ystävällinen
boos / rustig

kaunis / ruma
mooi / lelijk

alku / loppu
begin / einde

suuri / pieni
groot / klein

vaalea / tumma
licht / donker

veli / sisko
broer / zus

puhdas / likainen
schoon / vies

täydellinen / epätäydellinen

volledig / onvolledig

päivä / yö
dag/ nacht

kuollut / elävä
dood / levend

leveä / kapea
breed / smal

syötävä / syömäkelvoton

eetbaar / oneetbaar

paha / kiltti

gemeen / aardig

innostunut / tylsistynyt

opgewonden / verveeld

lihava / laiha

dik / dun

ensimmäinen / viimeinen

eerste / laatste

ystävä / vihollinen

vriend / vijand

täysi / tyhjä

vol / leeg

kova / pehmeä

hard / zacht

painava / kevyt

zwaar / licht

nälkä / jano

honger / dorst

sairas / terve

ziek / gezond

laiton / laillinen

illegaal / legaal

älykäs / tyhmä

intelligent / dom

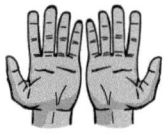

vasen / oikea

links / rechts

lähellä / kaukana

dichtbij / ver

uusi / käytetty

nieuw / gebruikt

ei mitään / jotain

niets / iets

vanha / nuori

oud / jong

päällä / pois päältä

aan / uit

auki / kiinni

open / gesloten

hiljainen / äänekäs

zacht / luid

rikas / köyhä

rijk / arm

oikein / väärin

goed / fout

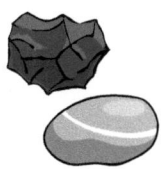

karhea / sileä

ruw / glad

surullinen / iloinen

verdrietig / gelukkig

lyhyt / pitkä

kort / lang

hidas / nopea

langzaam / snel

märkä / kuiva

nat / droog

lämmin / viileä

warm / koel

sota / rauha

oorlog / vrede

0

nolla

nul

1

yksi

één

2

kaksi

twee

3

kolme

drie

4

neljä

vier

5

viisi

vijf

6

kuusi

zes

7

seitsemän

zeven

8

kahdeksan

acht

9

yhdeksän

negen

10

kymmenen

tien

11

yksitoista

elf

12

kaksitoista
twaalf

13

kolmetoista
dertien

14

neljätoista
veertien

15

viisitoista
vijftien

16

kuusitoista
zestien

17

seitsemäntoista
zeventien

18

kahdeksantoista
achttien

19

yhdeksäntoista
negentien

20

kaksikymmentä
twintig

100

sata
honderd

1.000

tuhat
duizend

1.000.000

miljoona
miljoen

englanti

Engels

amerikanenglanti

Amerikaans Engels

mandariinikiina

Chinees Mandarijn

hindi

Hindi

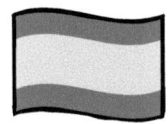

espanja

Spaans

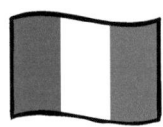

ranska

Frans

arabia

Arabisch

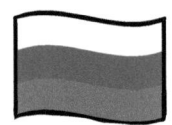

venäjä

Russisch

portugali

Portugees

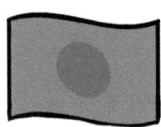

bengali

Bengalees

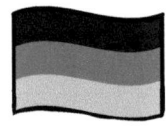

saksa

Duits

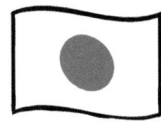

japani

Japans

minä
ik

sinä
jij

hän
hij / zij / het

me
wij

te
jullie

he
zij

kuka?
wie?

mitä / mikä?
wat?

miten?
hoe?

missä?
waar?

milloin?
wanneer?

nimi
de naam

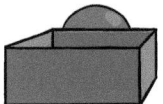

takana

achter

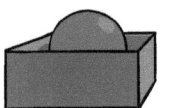

sisällä

in

edessä

voor

yläpuolella

boven

päällä

op

alapuolella

onder

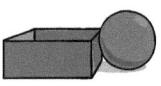

vieressä

naast

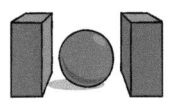

välissä

tussen

paikka

plaats